Valeska Scholz

Bremer Quatsch-Mach-Buch

kritzeln . klecksen . kreativ sein

Carl Schünemann Verlag

Lieber Quatschmacher,

das hier ist dein Buch — mach damit, was dir gefällt.
Du kannst es ausmalen, weitermalen und bekleben.
Du kannst etwas ausschneiden, erfinden oder sammeln.
Oder du kleckst, klebst und kritzelst. Oder... du
lässt es. Aber wer würde dann dafür sorgen, dass Bremen
bunt wird? Also schnapp dir Stifte, Malkasten, Schere
und Kleber — und los geht's!

Deine Bremer Quatschmusikanten

So sehe ich aus:

Das ist mein total-bekloppt-krickel-rumsau-bastel-
ausrast-Buch!

Ich heiße _____

und bin ———— Jahre alt.

Ich wohne _____

und das ist ungefähr hier:

Weser

Blumenthal

Vegesack

Burglesum

Blockland

Häfen

Gröpelingen

Borgfeld

Seehausen

Walle

Findorff

Horn-Lehe

Ober-neuland

Strom

Schwach-hausen

Mitte

Woltmers-hausen

östl. Vorstadt

Vahr

Huchting

Neustadt

Oster-holz

Ober-vieland

Hemelingen

_____   _____
Datum   Unterschrift

Der Roland steht seit über 600 Jahren auf
dem Marktplatz. Er musste dringend aufs Klo!
Bevor es einer merkt – male schnell einen
neuen!

Drachenfest in Lemwerder

Beim Drachenfest in Lemwerder gibt es viele schöne Drachen. Aber wer hat den schönsten?

Hurra! Der verschollene fünfte
Stadtmusikant ist wieder aufgetaucht!

Es ist ein(e) _____ !

Die Tiere sind aus ihrem Gehege im Bürgerpark abgehauen!

Es sind 20 Stück. Wo sind sie hin? Und der Tierpfleger?

Au weia! Der Gärtner hat die Pflanzen mit
Waldmeister-Brause gegossen und jetzt das:

weil

Rhododendronpark Bremen

Im Überseemuseum gibt es viele gruselige Masken.
Male neue Masken für die Sammlung. Probiere
vorher vor dem Spiegel oder vor deinem kleinen Bruder.

Zur Abschreckung
von _____

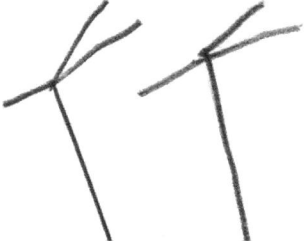

Akrobatische
Würstchen Sandale für Außerirdische

Was zum Kuckuck ist denn das?
So wird die Zeitung lustig! Schneide aus Zeitungen
oder Zeitschriften Wörter aus und erfinde damit neue.

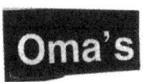

Oma's wilde Aufblas Aprikosen

Werder HAUSWURZ mit roten SCHNECKEN

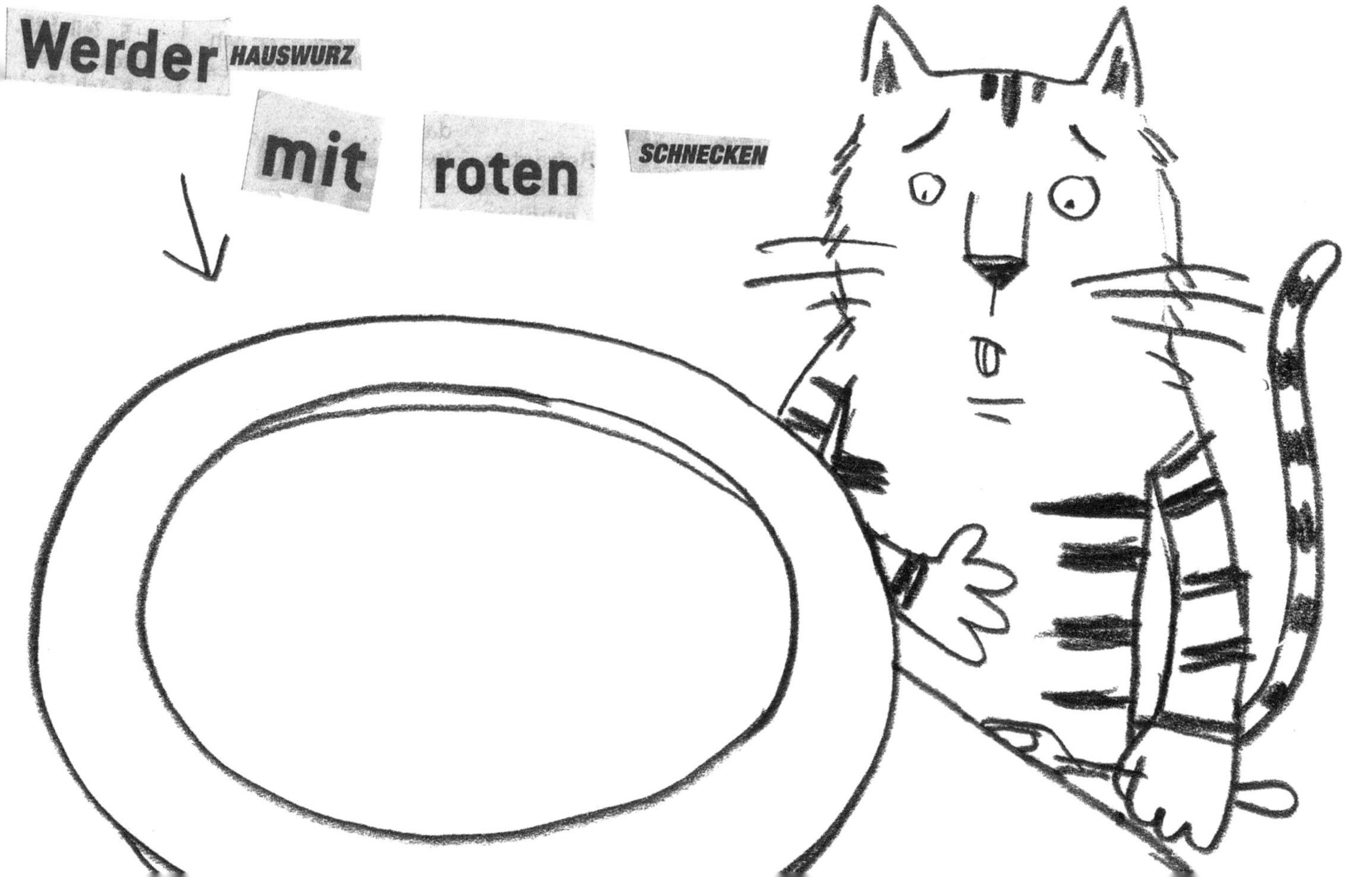

Am Café Sand findet ein Sandburgen-Wettbewerb statt.
Wer gewinnt?

Das Bremer Loch ist Bremens größte Spardose.
Wie viele Münzen möchtest du einwerfen?
Lege sie unter diese Seite und rubble mit einem
Stift darüber. Was schmeißen die Leute wohl
sonst noch rein?

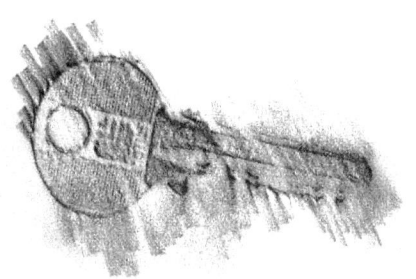

Einbruch in der Kunsthalle: Ein Gemälde
wurde geklaut. Macht nix – dein Bild ist
genauso schön! Hänge es hier auf.

Titel:

Künstler:

Jahr:

Die Bremer Flagge wird wegen der rot-weißen Streifen „Speckflagge" genannt. Male eine richtige SPECKflagge oder eine Pommes-Rot-Weiß-Flagge ... Mmm, lecker!

□ = ROT

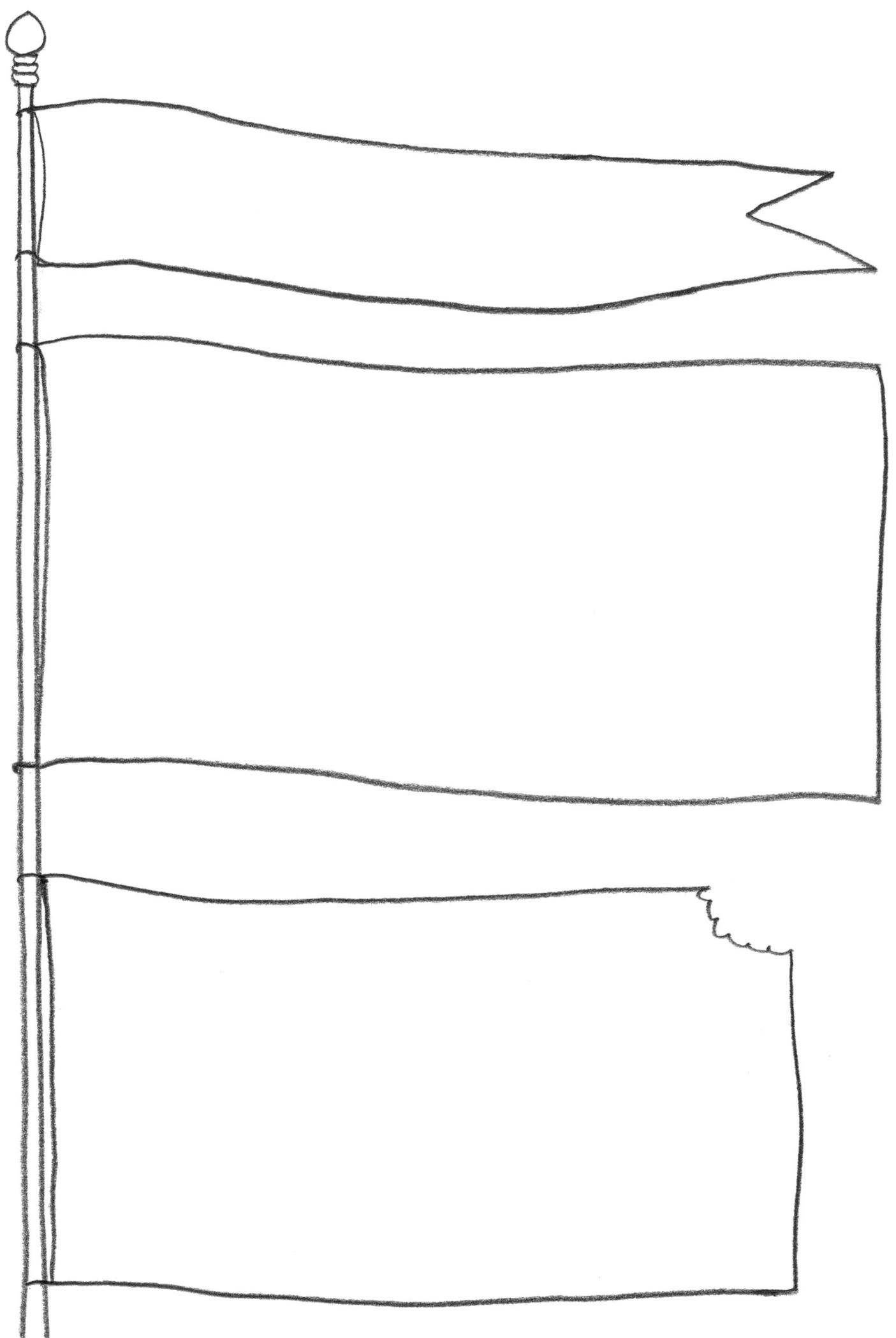

Nanu, mit was spielt denn Werder da?
Es heißt doch eigentlich Fußball, nicht
_____ .

Dem armen Baum sind alle Blätter abgefallen.
Damit er nicht gefällt wird, braucht er schnell neue.
Sammle Blätter und klebe sie getrocknet hier ein.

Eine Seefahrt, die ist lustig... Baue ein Boot, male es an und lasse es auf der Weser zu Wasser... Schiff ahoi!

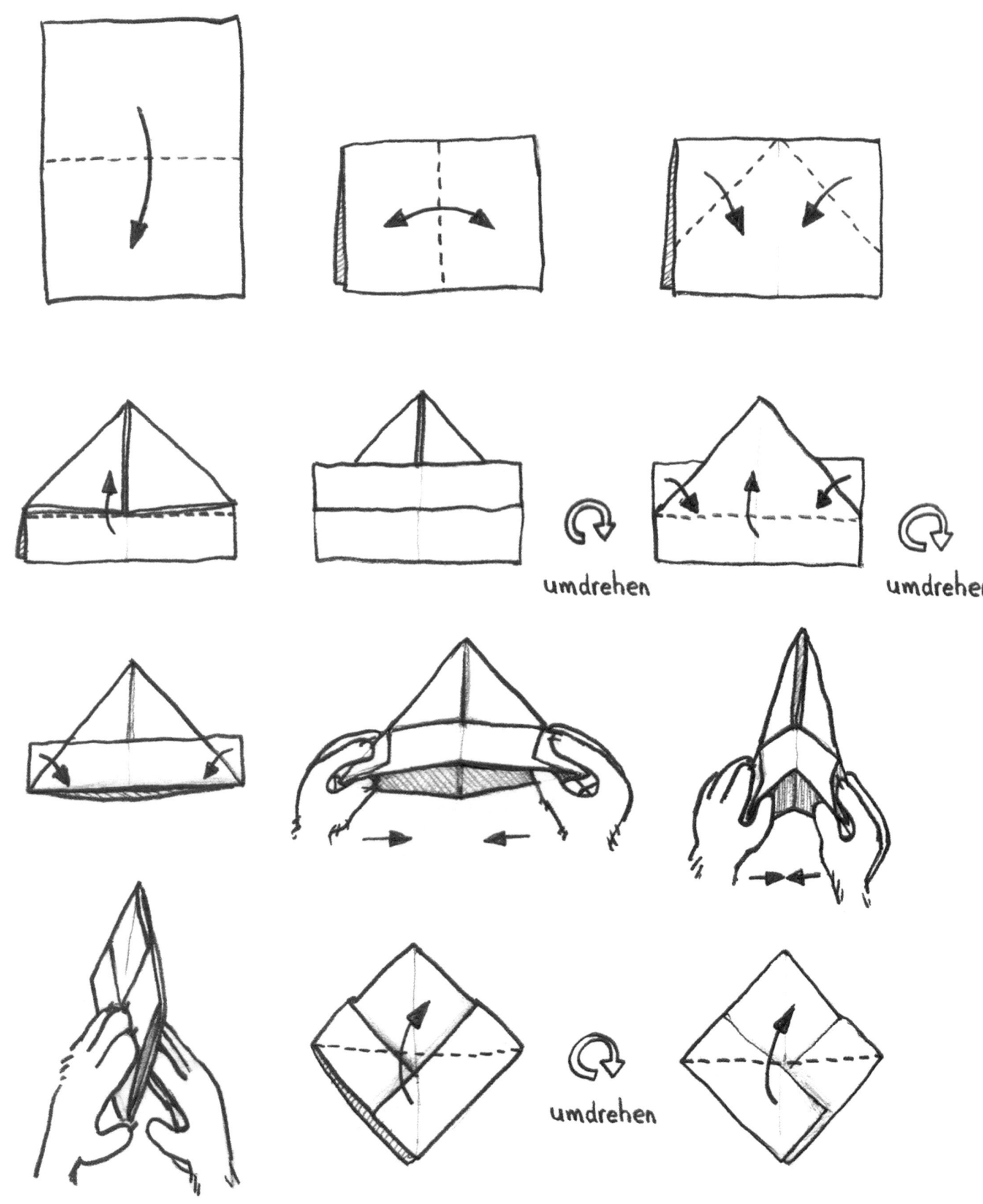

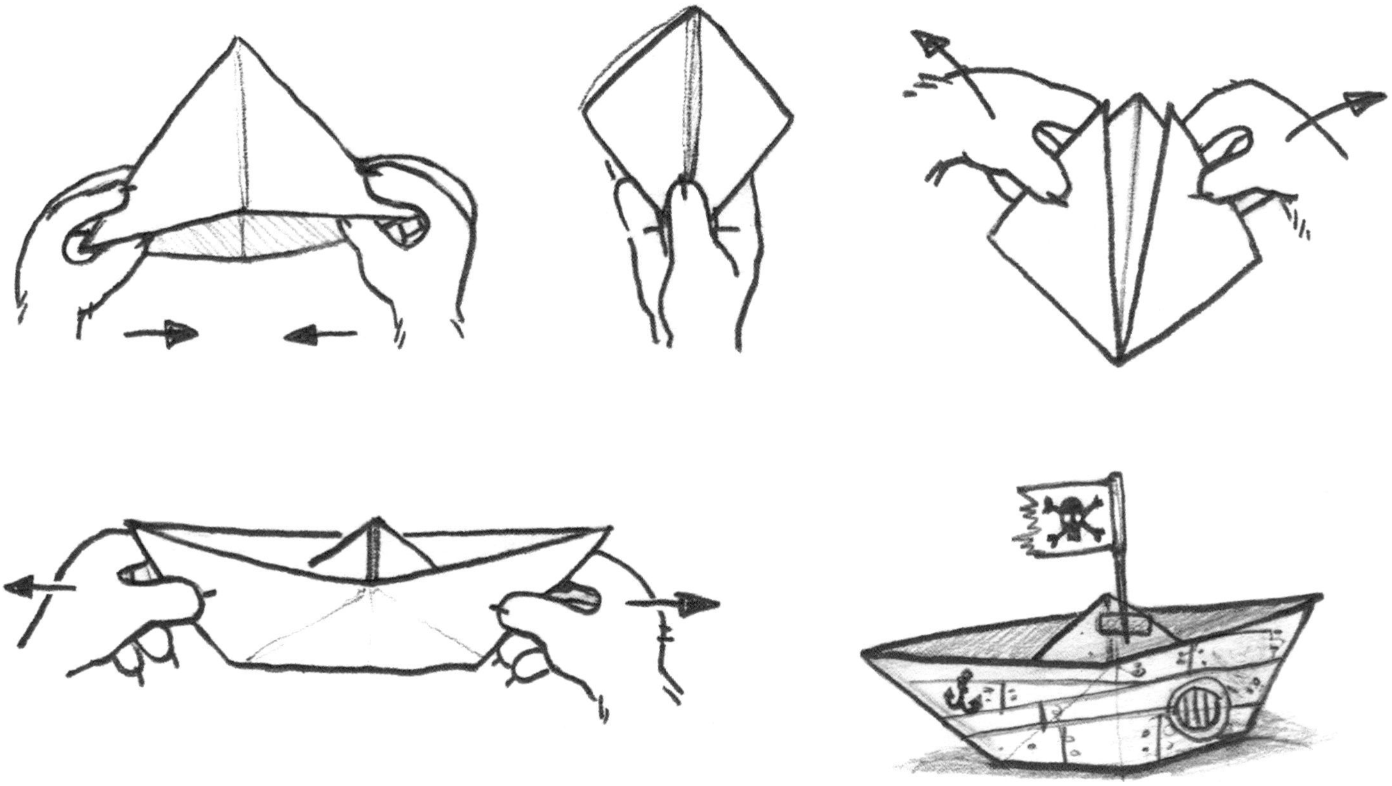

Für deine Piratenfahne brauchst du:

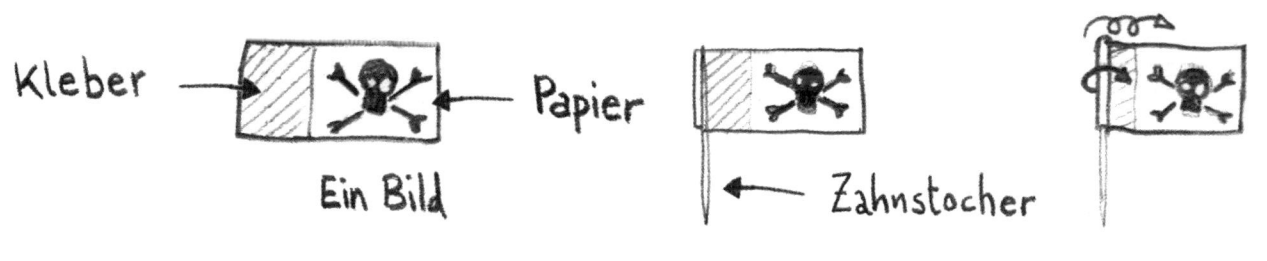

Kleber → Papier

Ein Bild

Zahnstocher

Harr harr !

Kennst du schon die Geschichte vom Hemd des Kapitäns? Wenn du deine Freunde verblüffen willst, erzähl sie ihnen. Du kannst sie ausschmücken und erzählen wie du möchtest...

Es war einmal ein Piratenschiff, das ging auf Schatzsuche. Eines Tages, als es sich einer Insel näherte, kam ein Sturm auf und das Schiff krachte auf einen Felsen. *(Reiß' die Vorderseite des Schiffchens ab.)* Der Kapitän entschied sich zu wenden und zur Küste zurück zu segeln. *(Drehe das Schiffchen um.)* Aber sofort krachten sie auf einen weiteren Felsen. *(Reiß' das andere Ende ab.)* „Keine Angst, Leute!", rief der Kapitän. „Wir segeln weiter!" Eine riesige Welle erfasste das Schiff und der Mast brach! *(Reiß' die Spitze des Schiffchens ab.)* Mit großem Krachen ging das Schiff unter. *(Fang an, das Papier auseinanderzufalten.)* Die erschöpfte Mannschaft schwamm zur Küste, doch der Kapitän ging mit dem Schiff unter – das machen Kapitäne so. Alles, was man später von ihm fand, war sein Hemd! *(Falte das Papier ganz auseinander.)*

Hier kannst du einen geheimen Wunsch aufschreiben.
Wirf ihn als Flaschenpost in die Weser! Du musst die
Flasche gut verschließen.

Vielleicht geht dein Wunsch in Erfüllung!

Jeder in Bremen sollte dich kennen.
Setze dir selbst ein Denkmal und male dich aufs Pferd.

Igitt! Kackfrech hinterlassen Bruno und seine Freunde
überall am Osterdeich haufenweise Haufen.
Sind alle gleich?

Die Außerirdischen sind in Bremen
gelandet. Was wollen sie?

Außerirdischen-Alphabet:

ESEL

WIE SIEHT IHR KIND AUS?

So ein Quatsch! Auf was passt denn der Hirte in der Sögestraße da auf?

Wer sind deine persönlichen VIBs (Very Important Bremer)?
Hol dir ein Autogramm von wichtigen Leuten aus Bremen.
Wer wichtig ist, bestimmst du.

Meine Unterschrift :

_____

An der Schlachte gibt es viele Möwen. Und viele Möwen machen viel Dreck. Fühl dich hier mal als Möwe und mache ordentlich Dreck.

Mit Deckweiß und ein bisschen Braun oder Grau geht das ganz leicht.

Oh Schreck! Welches Monster wohnt
denn da im Emmasee?

○ ZIEL

○ START

Schwungübung

Werder vor, noch ein Tor! Wie sieht dein Vorschlag für das neue Werder-Trikot aus?

Vorne

hinten

... 98, 99, 100 - ICH KOMME! Spiel mit uns Verstecken!
In diesem Gewusel ist das ganz schön schwierig.
Findest du uns?

Bremische Bürgerschaft
Landtag der Freien Hansestadt Bremen

Im Fallturm werden ständig neue Experimente durchgeführt. Was würdest du gern mal die 110 Meter lange Röhre runterschmeißen?

Am liebsten : _____

Am zweitliebsten : _____

Am drittliebsten : _____

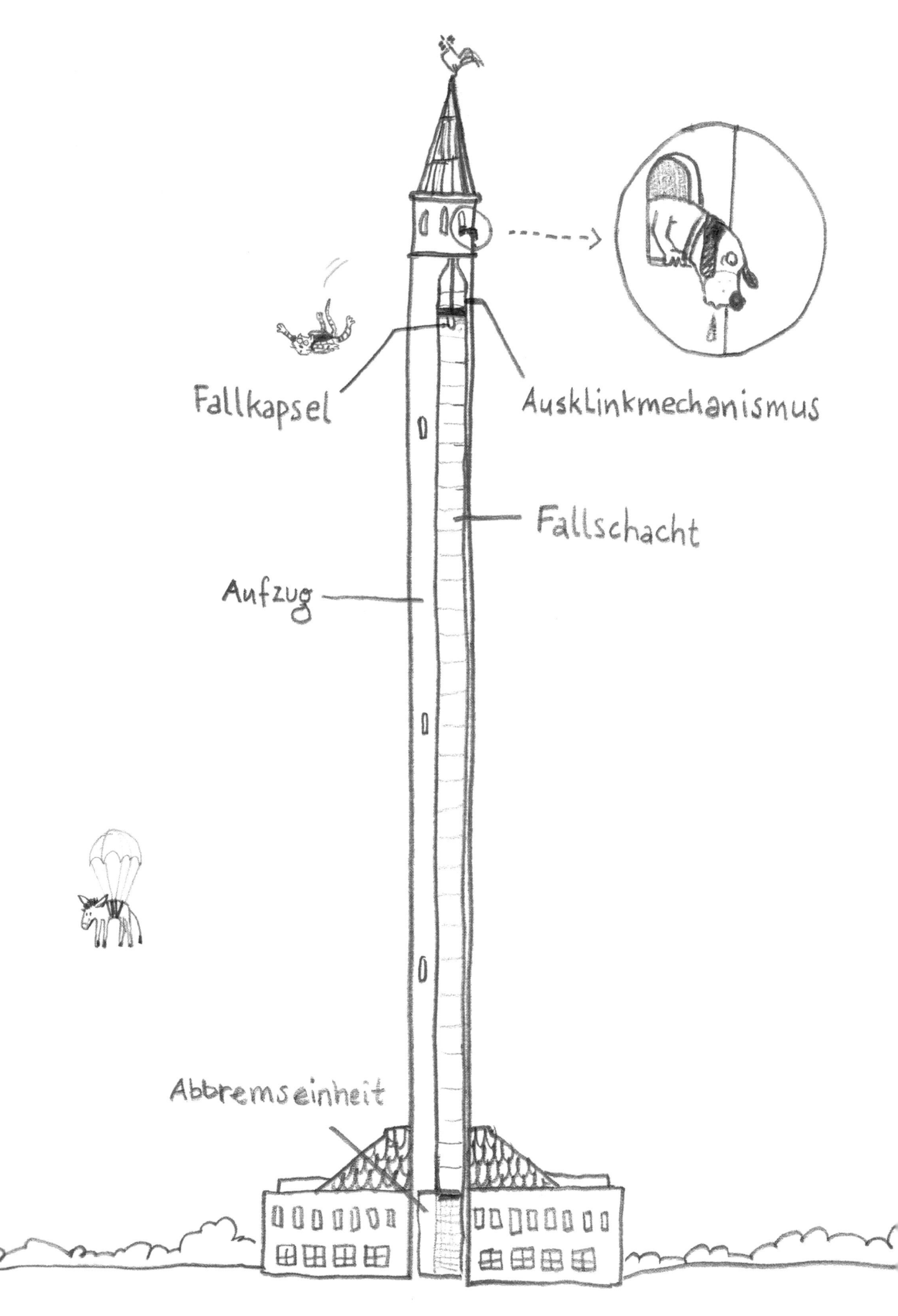

Fallkapsel

Ausklinkmechanismus

Fallschacht

Aufzug

Abbremseinheit

Lass es krachen - und sorge für ein gigantisches Feuerwerk über dem Freimarkt!

Benutze zum Malen auch mal eine alte Zahnbürste.
Mit der kann man tolle Spritzer machen.

Hurra! Wir feiern eine Party! Bitte kümmere dich um das Essen und Trinken, die Luftballons, das Konfetti und die Dekoration! Klebe, loche und male diese Seite zur coolsten Party der Stadt.

Na, wie ist das Wetter heute? Scheint die Sonne oder ist mal wieder Schietwetter?
Male die Postkarte fertig, schneide sie aus und schicke sie einem Freund.

hier → knicken

hier schneiden

ICH
↓

in Bremen

14,8cm

10,5cm

Wenn du deine Postkarte noch stabiler machen
möchtest, klebe ein Stück Pappe dazwischen
(z.B. von einer alten Cornflakespackung)
oder eine alte Postkarte.

knicken

überall
Kleber

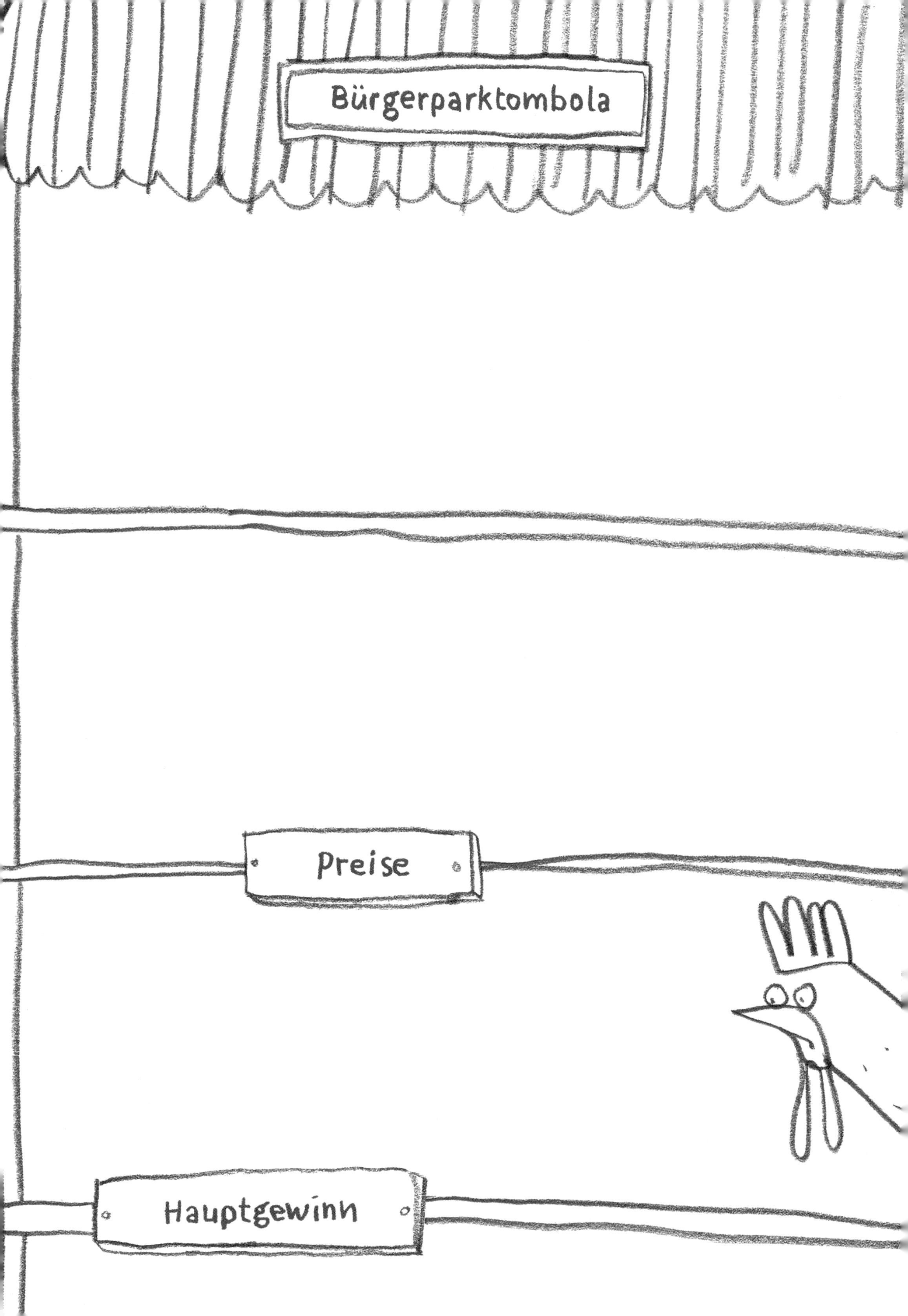
Bürgerparktombola
Preise
Hauptgewinn

Nach dem ganzen Quatsch müssen wir mal raus
aus Bremen. Ab in den Urlaub!
Hilfst du uns beim Kofferpacken?

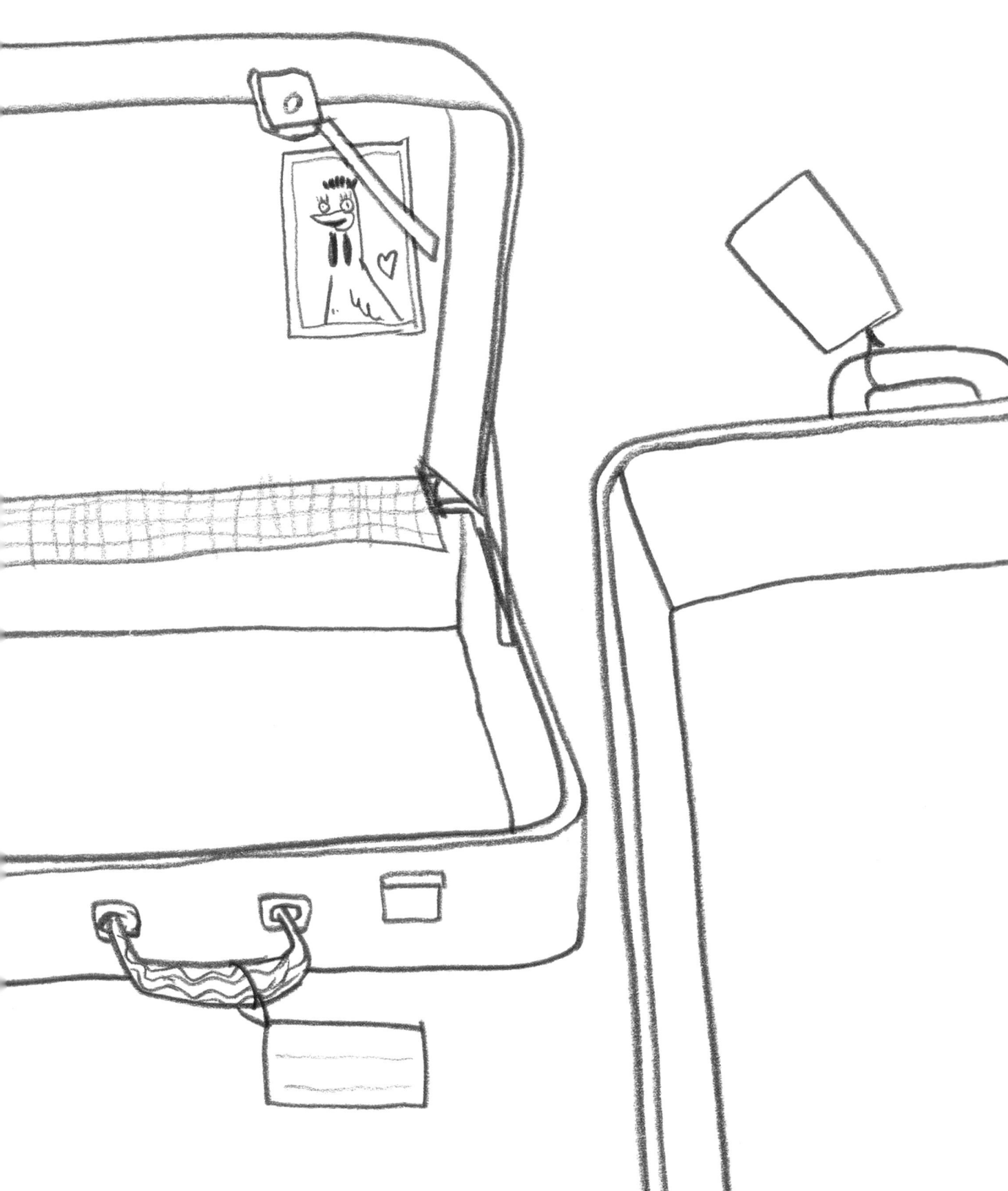

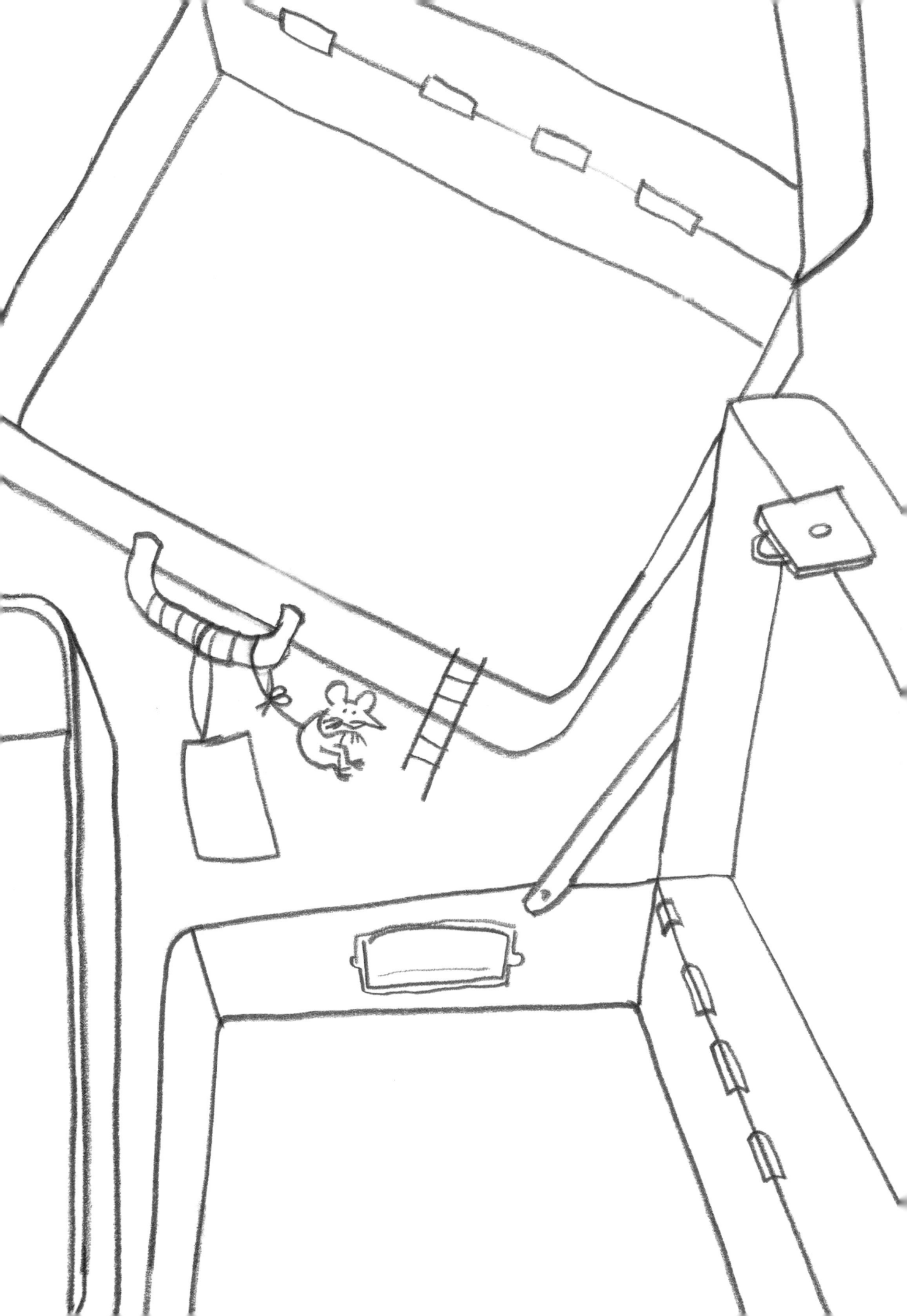

AUFLÖSUNGEN

Die Tiere sind aus ihrem Gehege im Bürgerpark abgehauen! Es sind 20 Stück. Wo sind sie hin?

Und der Tierpfleger?

... 98, 99, 100 - ICH KOMME! Spiel mit uns Verstecken!
In diesem Gewusel ist das ganz schön schwierig.
Findest du uns?

Außerirdischen-Alphabet:

Valeska Scholz

im

Carl Schünemann Verlag

Lüttjet Platt
Mein erstes Wörterbuch
20 Seiten, Pappbilderbuch
€ 9,90 [D]
ISBN 978-3-7961-1967-5

Lüttjet Platt – Tiere
Mein erstes Wörterbuch
20 Seiten, Pappbilderbuch
€ 9,90 [D]
ISBN 978-3-944552-82-8

Meine kleine Nordsee-Fibel
20 Seiten, Pappbilderbuch
€ 9,90 [D]
ISBN 978-3-7961-1019-1

1, 2, 3 – Bremer Zählerei
Erste Zahlen für kleine Hanseaten
40 Seiten, Hardcover
€ 9,90 [D]
ISBN 978-3-944552-56-9

Valeska Scholz

kann mindestens so gut zeichnen wie Quatsch machen.

Sie ist in Hannover geboren, hat an der Hochschule für Künste in Bremen Integriertes Design studiert und ist der Hansestadt auch als freischaffende Designerin und Illustratorin treu geblieben.

Für Bremen und den Norden hat Valeska Scholz im Carl Schünemann Verlag schon viele kunterbunte, fröhlich-freche und liebenswerte Bücher für große und kleine Nordlichter gemacht.

Gucken lohnt sich – kein Quatsch!

Impressum:

© Carl Ed. Schünemann KG, Bremen

www.schuenemann-verlag.de

Nachdruck sowie jede Form der elektronischen Nutzung
– auch auszugsweise – nur mit Genehmigung des Verlages.

Idee/Illustration: Valeska Scholz
                    www.valeskascholz.de

Redaktion: Caroline Simonis / Leonie Bartels

Gesamtherstellung: Carl Schünemann Verlag

Printed in EU 2021 | ISBN 978-3-7961-1129-7

Besuchen Sie uns auch auf